# CADA BICHO

# CANTO UM SEU

# CADA CANTO

ilustrações
Edson Ikê

1ª edição

FTD

# BICHO
## UM SEU

Edimilson de Almeida Pereira

**FTD**

Copyright © Edimilson de Almeida Pereira, 2022
Reprodução proibida: Art. 184 do Código Penal e Lei 9.610 de
19 de fevereiro de 1998.
Todos os direitos reservados à
**EDITORA FTD**
Rua Rui Barbosa, 156 — Bela Vista — São Paulo — SP
CEP 01326-010 — Tel. 0800 772 2300
www.ftd.com.br | central.relacionamento@ftd.com.br

**DIRETOR-GERAL** Ricardo Tavares de Oliveira
**DIRETOR DE CONTEÚDO E NEGÓCIOS** Cayube Galas
**GERENTE EDITORIAL** Isabel Lopes Coelho
**EDITOR** Estevão Azevedo
**EDITORA ASSISTENTE** Camila Saraiva
**ASSISTENTE DE RELAÇÕES INTERNACIONAIS** Tassia Regiane Silvestre de Oliveira
**COORDENADOR DE PRODUÇÃO EDITORIAL** Leandro Hiroshi Kanno
**PREPARADORA** Lívia Perran
**REVISORAS** Marina Nogueira e Kandy Saraiva
**EDITORES DE ARTE** Daniel Justi e Camila Catto
**PROJETO GRÁFICO** Daniel Justi
**DIRETOR DE OPERAÇÕES E PRODUÇÃO GRÁFICA** Reginaldo Soares Damasceno

**EDIMILSON DE ALMEIDA PEREIRA** nasceu em Juiz de Fora (MG), em 1963.
É formado em Letras pela Universidade Federal de Juiz de Fora,
onde também fez mestrado. É doutor em Comunicação e Cultura
pela Universidade Federal do Rio de Janeiro.

**EDSON IKÊ** nasceu em São Bernardo do Campo (SP), em 1980.
É ilustrador, designer e artista gráfico.

Dados Internacionais de Catalogação na Publicação (CIP)
(Câmara Brasileira do Livro, SP, Brasil)

Pereira, Edimilson de Almeida
Cada bicho um seu canto / Edimilson de Almeida Pereira;
ilustrações de Edson Ikê. — 1. ed. — São Paulo: FTD, 2022.

ISBN 978-65-5742-700-2

1. Poesia — Literatura infantojuvenil I. Ikê, Edson. II. Título.

22-106003                                    CDD-028.5

Índices para catálogo sistemático:
1. Poesia: Literatura infantil 028.5
2. Poesia: Literatura infantojuvenil 028.5

Cibele Maria Dias — Bibliotecária — CRB-8/9427

A - 935.748/25

Este livro se deixou escrever em Juiz de Fora, Minas Gerais, entre
agosto de 1988 e setembro de 1998. A primeira edição foi publicada
pela Franco Editora, de Juiz de Fora, em 2002.

| | | |
|---:|:---:|:---|
| 7 | · | PLUMA |
| 8 | · | NOTAS |
| 9 | · | BAILE |
| 11 | · | JOGO |
| 12 | · | DOLORES |
| 13 | · | LEITOR |
| 14 | · | MÚSICA |
| 15 | · | DÚVIDA |
| 16 | · | TEMPO |
| 17 | · | ESTAÇÕES |
| 18 | · | MISTÉRIO |
| 19 | · | CASA |
| 20 | · | ESPANTO |
| 22 | · | NOTURNO |
| 23 | · | CÍRCULO |
| 25 | · | NOIVADO |
| 26 | · | ESPERA |
| 27 | · | ENCONTRO |
| 28 | · | CONTO |
| 30 | · | TELEGRAMA |
| 31 | · | RELÓGIO |
| 33 | · | COLORIDO |
| 34 | · | FALANTES |
| 35 | · | SOPRO |
| 37 | · | ESCUDO |
| 38 | · | O AUTOR |
| 39 | · | O ILUSTRADOR |

# PLUMA

Onde está o gato?

O rastro preso na sombra,
seu corpo, um susto espesso.
O risco das unhas no vidro.
O gato anoitece.

Onde o resto do gato?

# NOTAS

Aranha grande,
aranha pequena.

Subindo e descendo
a teia renda.

Quantas vezes sobe?
Quantas vezes?

Tantas idas e vindas
até a aranha esquece.

# BAILE

A vespa se desespera
com sua dor de cabeça.

Quem porá o lenço
na testa da vespa?

A vespa se emociona
com o vestido de seda.

Quem ajuda a vespa
a parecer uma princesa?

A vespa não vai ao baile
com roupa que não presta.

Quem dará à vespa
uma novela de agosto?

# JOGO

A raposa tem um segredo
e só o troca por outro.
Quem se anima
a negociar com a raposa?

O vencedor ganha
uma manta de espelhos.
O perdedor,
outra manta, de consolos.

# DOLORES

A lacraia
tem um calo
no último pé esquerdo.

São tantas as pernas,
ela nem sabe
em qual dos dedos.

Como o calo
doesse imenso,
vai mancando o corpo inteiro.

O cupim roeu o livro
antes de ir à escola.

O professor espera
a leitura.

Onde o texto, agora?

## LEITOR

# MÚSICA

Com um flautim de ossos,
o jabuti gaba-se
de ser bom músico.

Mas tira torto

o

som

miúdo.

Vantagem é que o cascudo
tem por esconderijo
a carapaça.

# DÚVIDA

Quem cobra
da cobra
o aluguel da roupa?

A cobra troca
de veste,
e quem lhe cobra?

A cobra anda
de casaca nova.
E quem lhe cobra?

Ninguém se atreve,
se a cobra diz:
— Si, si, si.

# TEMPO

A lesma não tem pressa,
vai à festa futura.

Se chegar cedo,
será tarde.
Se chegar um dia,
será quando?

O nome da lesma muda.

Se pequena, é lesminha,
se Grande, é Les Sua.

# ESTAÇÕES

Em verde terno,
o grilo vai à formatura.

Não sabe se é inverno,
ou se o outono declina.

Em seu corpo imaturo,
dança o verão
dos meninos.

# MISTÉRIO

O louva-a-deus passeia
de mãos postas.

Parado é um graveto,
andando,
uma
folha.

Será que ele reza
a algum deus secreto?

No casulo,
o bicho-da-seda tece.

Todo mundo pergunta:
— Com que móveis
se arruma?

Depois da chuva,
o pequeno adormece.
Leveza pura.

CASA

# ESPANTO

O peixe tem por escola
o recife de coral.

Um desenho o assusta:
o ponto de interrogação.

Parece um guarda-chuva,
mas virado é um anzol.

# NOTURNO

A coruja
vê estrelas com os olhos
de lupa.

No escuro, inventa
histórias
sobre a Lua.

Na renda de sua blusa
o dia
dorme em silêncio.

# CÍRCULO

O escorpião
preso
numa ilha de fogo.
Agora,
em vermelho,
duvida.
Onde fica o inverno?
Onde
a noite começa.

# NOIVADO

Um dia escuro,
as nuvens todas chorando.
O caracol desperta
com seu terno de veludo.

Entre as árvores,
há caminhos de musgo.
O caracol tranquilo,
dentro dele vai o Sol.

A tarde se alonga,
mas só agora saiu de casa
a noiva do caracol.

# ESPERA

O vestido da libélula
é uma fina sombra.

O véu de lantejoulas
claro como a Lua.

O lenço da libélula
comove-se de nuvens.

Em seu vestido,
as águas são de sonhos.

# ENCONTRO

A joaninha mora
entre as folhas.

Passa de uma a outra,
antes que a chuva venha.

Sob o colete preto,
veste blusa vermelha.

As asas batem ligeiro
pelo dia que não chega.

Entre as verduras,
o amado escondido: ela
o percebe como se
fosse um sol no espelho.

# CONTO

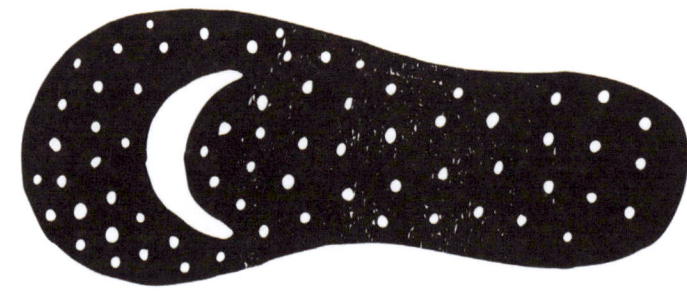

O sapo vestiu bem
a gravata-
-borboleta.

Entra cedo no baile
só para ver
quem chega.

Seus olhos brilham
na água,
seu coração espera
um milagre.

O sapo saiu no escuro
enleado
de estrelas.

# TELEGRAMA

Olhos atentos.

O antílope.

O vento,
porta-voz do perigo,
anuncia as garras.

O tigre.

O seco arde
em galopes.

Os antílopes.

A fuga.

Cada um leva
seu medo.

A coragem
na garupa.

# RELÓGIO

A beleza se acomoda
na cabeça do galo.
A vida o faz esperto,
a sombra quer levá-lo.

A noite flutua
na estrela da manhã.
O galo abre os olhos
ao céu incendiado.

De crista ao vento,
o galo se apruma.
A vida alisa suas penas,
a sombra quer levá-lo.

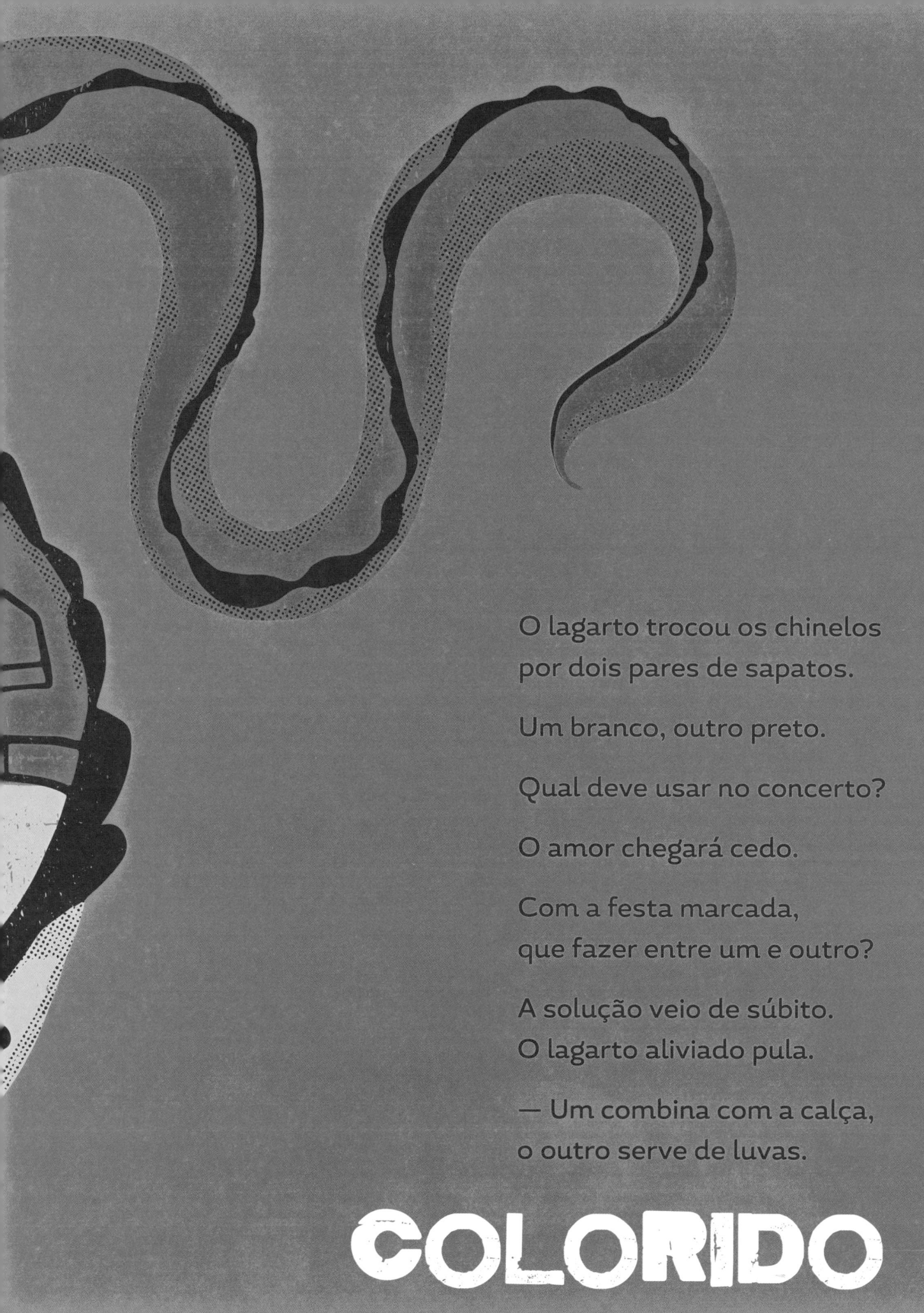

O lagarto trocou os chinelos
por dois pares de sapatos.

Um branco, outro preto.

Qual deve usar no concerto?

O amor chegará cedo.

Com a festa marcada,
que fazer entre um e outro?

A solução veio de súbito.
O lagarto aliviado pula.

— Um combina com a calça,
o outro serve de luvas.

# COLORIDO

# FALANTES

No ouvido das árvores,
a girafa murmura.

Sua língua colhe
sílabas sob as nuvens.

Para ver o infinito,
basta levantar os olhos.

A girafa toca
as margens dos lagos.

No ouvido da linguagem,
segredos, os da mata.

Alguns o vento leva,
outros a chuva disfarça.

# SOPRO

O leopardo não responde
a nenhuma pergunta.

Parece ausente,
se perto.
Denso como a sombra,
investe.

O leopardo não é o medo,
mas a leveza do tempo.

Se perto,
adivinha o longe.
Se dentro,
não tem nome.

# ESCUDO

O rinoceronte guarda
mistérios na armadura.
O rosto é uma vírgula,
que separa os lados da sorte.
O que há e sua carapaça
não mostra? O rinoceronte
atravessa o silêncio de aço.

## O AUTOR

Meu nome é Edimilson de Almeida Pereira. No bairro onde nasci, eu era o filho do "seo" Geraldo da lavanderia e da dona Iraci, a costureira; neto do "seo" Tilu, que fazia feira aos domingos; e sobrinho da Maria, casada com o "seo" Índio taxista, que dirigia um carro chamado Rabo de Peixe. Quando eu era pequeno, minha bisavó Odila me chamava de Tonico Luís, porque eu me parecia com o pai da minha mãe. Na minha casa, meus pais me chamavam de Bil, quando tinham um assunto leve para conversar comigo. Se o assunto fosse sério, me chamavam de Edimilson. Era desse jeito que as professoras na escola escreviam o meu nome na caderneta de ausências e presenças. Às vezes, não usavam o meu nome propriamente, mas um número de chamada: em diferentes séries da escola fui o 7, o 11 e o 13. Por coincidência ou não, eram sempre números primos, e isso me fazia sentir parte de uma família matemática. Desse modo, cresci entre os vários nomes que falavam um pouco de mim. Esses nomes mudavam de acordo com a minha idade e com o jeito de as pessoas falarem comigo. Quando quis ser escritor, chamei a mim mesmo de Homero Cisse e de Augusto Paraibuna. Usei o nome Paraibuna para homenagear o rio que corre pela minha cidade. Com o passar do tempo, acostumei a ser uma pessoa com outras pessoas por dentro, isto é, um Edimilson feito de mil sons. Hoje, penso que todos nós podemos ser como um quintal onde uma árvore é rodeada por outras árvores grandes e pequenas. Prestando atenção nos outros nomes, descobri que uma pessoa é desdobrável em diversas pessoas, como se fosse uma história escrita e falada por muitas palavras. Umas palavras fáceis, outras difíceis — e todas importantes para podermos contar as histórias do mundo.

## O ILUSTRADOR

Edson Ikê é ilustrador, designer e artista gráfico. Entre os livros infantis que ilustrou, estão *Zumbi assombra quem?* e *No balanço da maré*. Ele trabalha com diversas técnicas de ilustração, como a xilogravura, e mistura essa arte antiga a peças de arte inovadoras e originais. Nos últimos anos, desenvolveu trabalhos para editoras, jornais, projetos educacionais, revistas e para o mercado independente musical, em todo o mundo, tendo recebido relevantes prêmios e reconhecimento ao longo de sua carreira, como o Prêmio Movimentos Criativos, do Instituto Feira Preta e do Itaú Cultural. Ikê dá palestras, ministra oficinas criativas para faculdades e espaços culturais e também participa de festivais. Além de desenhar, uma de suas paixões é o trompete. Toca em uma banda de jazz, o Conde Favela Sexteto, que lançou o primeiro álbum em 2020.

Produção gráfica

FTD educação | GRÁFICA & LOGÍSTICA

Avenida Antônio Bardella, 300 - 07220-020 GUARULHOS (SP)
Fone: (11) 3545-8600 e Fax: (11) 2412-5375

São Paulo - 2025

Acesse o catálogo online
de literatura da FTD Educação

A comunicação impressa
e o papel têm uma ótima
história ambiental
para contar

www.twosides.org.br

# SUPLEMENTO DE LEITURA

# CADA BICHO UM SEU CANTO

Edimilson de Almeida Pereira

**Ilustrações** Edson Ikê

Nome do aluno: _____

_____ Ano: _____

Nome da escola: _____

**1.** O título do livro, *Cada bicho um seu canto*, provoca estranhamento por trazer um detalhe que modifica o sentido mais usual da frase. Não fosse esse detalhe, assinale o título que seria mais comum:

( ) *Cada lixo um seu canto*
( ) *Cada bicho em seu canto*
( ) *Cada lixo tem seu canto*
( ) *Cada bicho sem encanto*

**2.** Os poemas costumam brincar com os vários significados das palavras. A seguir, circule outros significados da palavra "canto", os quais poderiam mudar totalmente o sentido do título do livro.

| Recanto | Manto | Quina |
| Conto | Canção | Janto |

**10.** No poema "Noturno" (p. 22), o que a coruja faz no escuro?
_____
_____

**11.** No poema "Encontro" (p. 27), a joaninha percebe seu amado "como se / fosse um sol no espelho". Como você entende essa cena?
_____
_____
_____
_____

**12.** Qual o problema do lagarto no poema "Colorido" (p. 33) e como ele o soluciona?
_____
_____
_____
_____

**13.** De qual poema do livro você mais gostou? Explique por quê.
_____
_____
_____
_____

**14.** Você leu poemas em que bichos apresentam comportamentos inusitados, bons ou divertidos: o jabuti toca música, a cobra troca de roupa, a coruja inventa histórias... Pense agora em um bicho de que você gosta e invente comportamentos humanos para ele. Descreva abaixo o bicho e os comportamentos surpreendentes dele.
_____
_____

**ELABORAÇÃO** Cilza Bignotto

**3.** Em poemas, a repetição de sons é sempre proposital. Vamos brincar de caça-sons com o poema "Baile" (p. 9)?

**a)** Seguindo o modelo do primeiro verso, circule as letras cujo som se repete nos versos seguintes.

A ve(s)pa (s)e dese(s)pera
com sua dor de cabeça.

Quem porá o lenço
na testa da vespa?

**b)** Como o som das consoantes que você circulou se relaciona com a palavra "vespa"?
_____
_____
_____

**4.** Para entender o poema "Jogo" (p. 11), é preciso pensar no significado da palavra "raposa" no sentido figurado, quando usada para caracterizar pessoas. Uma pessoa é chamada de raposa quando

( ) tem muitos pelos no corpo, dos pés à cabeça.
( ) é muito bondosa e ajuda todo mundo.
( ) é muito inteligente, porém falsa e trapaceira.
( ) tem bigodes longos e dentes bastante pontiagudos.

**5.** Ligue cada bicho a seus respectivos versos.

A lacraia                gaba-se / de ser bom músico.

O jabuti                 tem por escola / o recife de coral.

O peixe                  tem um calo / no último pé esquerdo.

**6.** No poema "Dúvida" (p. 15), quais são os diferentes sentidos da palavra "cobra"?
_____
_____
_____
_____
_____
_____

**7.** Após a leitura do poema "Música" (p. 14), assinale com **F** as alternativas falsas e com **V** as alternativas verdadeiras.

( ) O jabuti toca um flautim de ossos.
( ) O jabuti tira direitinho o som da música.
( ) O jabuti não tem onde se esconder do público.
( ) O jabuti se considera um bom músico.

**8.** No poema "Tempo" (p. 16), por que é dito que o nome da lesma muda?
_____
_____
_____
_____
_____

**9.** Por que, no poema "Espanto" (p. 20), o ponto de interrogação assusta o peixe? Circule a alternativa correta.

**a)** O ponto de interrogação, invertido, parece um anzol.
**b)** O peixe não sabe responder à pergunta da prova.
**c)** O ponto de interrogação parece um guarda-chuva.
**d)** O peixe não aprende a ler na escola do recife de coral.